Vesna Sucurovska
« Vesnitcheka n°5 »

« Royaliste Rouge »

Mes Références :

- Sociologie politique,
Orsoni, Paris X Nanterre,
là même que Kohn Ben Dite,
les Verts,

- avec des relations :
Institut za Folklor vo Makedonija,
et VMRO.

A, Marseille, tu ne peut même pas
t'acheter un dentifrice, sans que
tout le monde le sache, alors si
tu t'achète des swingum, je ne
te raconte pas l'événement.

Il se peut que tu en perde la
moitié en route, mais ça,
c'est peut être l'esprit de Marseille.

1/ Le Royalisme c'est tout simplement
la reconnaissance du Droit Divin.

Quand au Rouge, c'est seulement,
l'acceptation des Droits Humains.

2/ Certains pourraient penser qu'il y a
contradiction, mais il n'en est rien,
c'est comme si on disait, il n'y a
que les hommes qui soit humains.

3/ Durant des siècles, le Roi, était le
représentant culturel de sa Nation.

4/ Les Rouges, eux, ils voulaient tous
avoir la même choses, entre eux,
comme si un pâté, pouvait se partager
en part égales, pour chacun.

Mais, va savoir si, un vieux et un jeune
ont le même appétit ?

5/ Le Royaliste Rouge, lui, il pourrait se demander, si, de Droit Naturel, on serait les même ?

Et, là, bien sur, on a tellement de divergences, que, l'entendement est le seul recours.

6/ Tant que l'on se bat pour l'un
ou l'autre, ça occupe, tous le monde.

7/ Mais, si l'entendement, se manifestait, il y aurait, de toute façon, de l'égalité, pour la simple et bonne raison, qu'il y a trop de jaloux, pour rien.

8/ Tant qu'on pense manger le même pâté, on peut se contenter, de ne manger que ça.

Après, si toi, t'es végétarien, ça se complique, évidemment.

9/ Mais, le Rouge, ce n'est pas
seulement le vin, non, c'est, aussi,
la couleur de ceux qui aiment
le peuple, sauf qu'en France,
« on n'aime pas ceux qui sont
issus du peuple ».

10/ Comme qui dirait,
« les proverbes, c'est la science
infuse, sans la science ! »

11/ Tout ça pour dire, la Royauté,
en France, c'est dépassé, même
si « nul n'est plus Roi, que le Roi »,
il paraît,
et, le communisme, c'est dépassé, aussi,
parce que, « nul n'est plus banquier,
que les banquier », il paraît, aussi.

La preuve, ça plaît énormément.

12/ Si, en plus, t'es étranger, et
Royaliste, et Rouge, alors là,
« il a rien pour lui « ,
il paraît.

13/ Ils se comprennent, sans se
comprendre, évidemment,
parce que, ça m'étonnerait beaucoup,
qu'ils ai lu Marx et Engels,
qui ne sont pas de chez nous.

14/ Pour peu que l'Église dise
que ce sont des Diables, les Rouges,
alors là, ce sont les fachistes qui
sont des Vrai Saints.

15/ Bien sur, les Royalistes, ne
mangent pas le pain du peuple,
ni les communistes Rouges,
non plus, mais, quand même,
« on préfère notre bon pain
à l'amidon », plutôt,
qu'autre chose, « ça nous tiens
bien au ventre ! »

16/ Par contre, si t'es Royaliste
Rouge, alors là, « on sait pas
qu'est ce que c'est cette bête là »,
on verra bien à l'usage, il paraît.

17/ C'est un peu, comme le pastis,
t'y met un peu d'eau, ou bien,
un peu beaucoup, ça te fait un
petit goût, bien de chez nous,
et, en même temps, un peu
de l'ailleurs.

18/ Comme ça, « on sait, que nos
humains, ils sont des humains »,
sans être tous passés, chez les
humanistes, et encore moins,
chez Staline, Trotski, Lénine,
Khrouchtchev ou Tito.

19/ Et, comme notre Époque
de la Technologie, c'est, encore,
« autre chose, comme Époque »,
il faudrait, leur parler, le parler
contemporain.

20/ Comme quoi, les Royalistes,
en France, ils ont « bon dos »,
et, les Rouges « pas loin de la vérité. »

21/ Si, par contre, t'es pas croyant,
« c'est ton porte monnaie, qui es
croyant ! »

22/ Bref, si tu prouve qu'on ne peut pas l'acheter, le Royaliste Rouge, ils voudront quand même, s'acheter, « celui que tout le monde s'achète ! »

23/ C'est ce qu'on appelle,
« les recettes de grand mère »,
parce qu'il n'y a rien de mieux,
que les Recettes de Grand Mère !

24/ Pour peu, que les minots,
ils ait eu le pastis dans le biberon,
alors là, cela « ne leur parlera pas »,
leur patois.

25/ Cela prouve, encore une fois,
que tu peut être de 600 générations,
en France, et ne « jamais être
français ! »

La petite histoire, qui voudrait
« qu'on soit à l'image de ses amis »,
c'est une histoire, bien française,
parce que, pour le peu qu'on ait
des amis de partout, cela complique,
un peu, le « parler patois », au lieu,
de l'alléger, on ne sait pas trop
pourquoi.

Peut être, parce que dans mon biberon,
il y avais « le Royalisme de Tito »,
qui sait ?

Sachant qu'en France, ils ont
« alléger les Vert »,
en les résorbant dans tous les partis,
je confirme, qu'ils ont
« alléger, aussi, les Rouges »,
donc, je vous le demande, moi,
qui mange le pain de qui,
précisément ?

Ainsi, moi, en bonne
Camarade Orthodoxe,
je peut te donner mon déjeuner,
et, m'abstenir de manger,
mais, toi, que pourra tu,
faire pour moi ?

Sachant que même Jésus,
a été un peu
« le dindon de la farce »,
vers qui on se tourne,
pour dire :
« Coucou, c'est nous,
on pense à Toi ! »,

mais point trop n'en faut,
pour les retardataires.

Si tu vois de l'humour,
c'est que c'est fait exprès !

www.ingramcontent.com/pod-product-compliance
Lightning Source LLC
Chambersburg PA
CBHW060347290526
45791CB00004B/1566